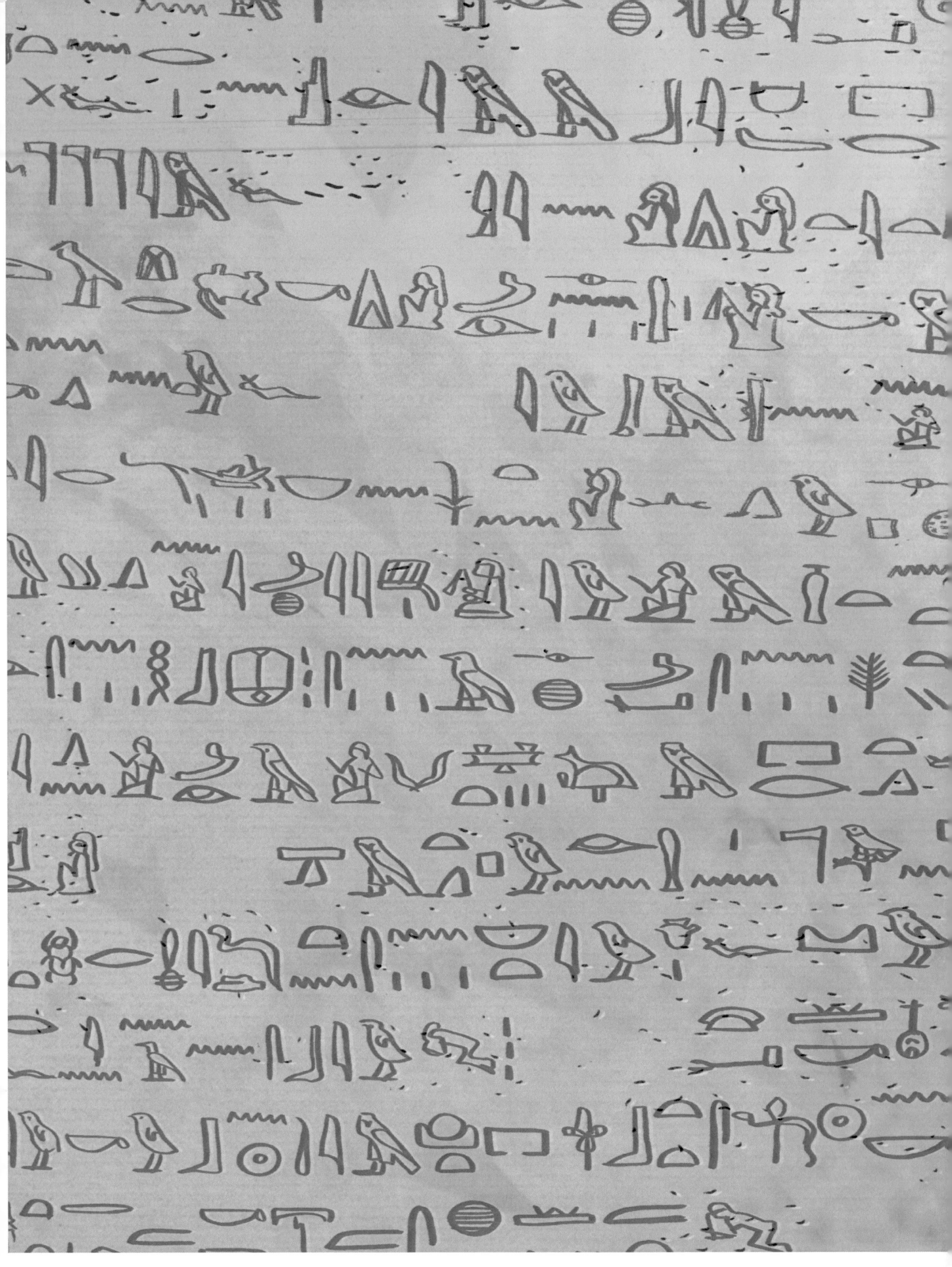

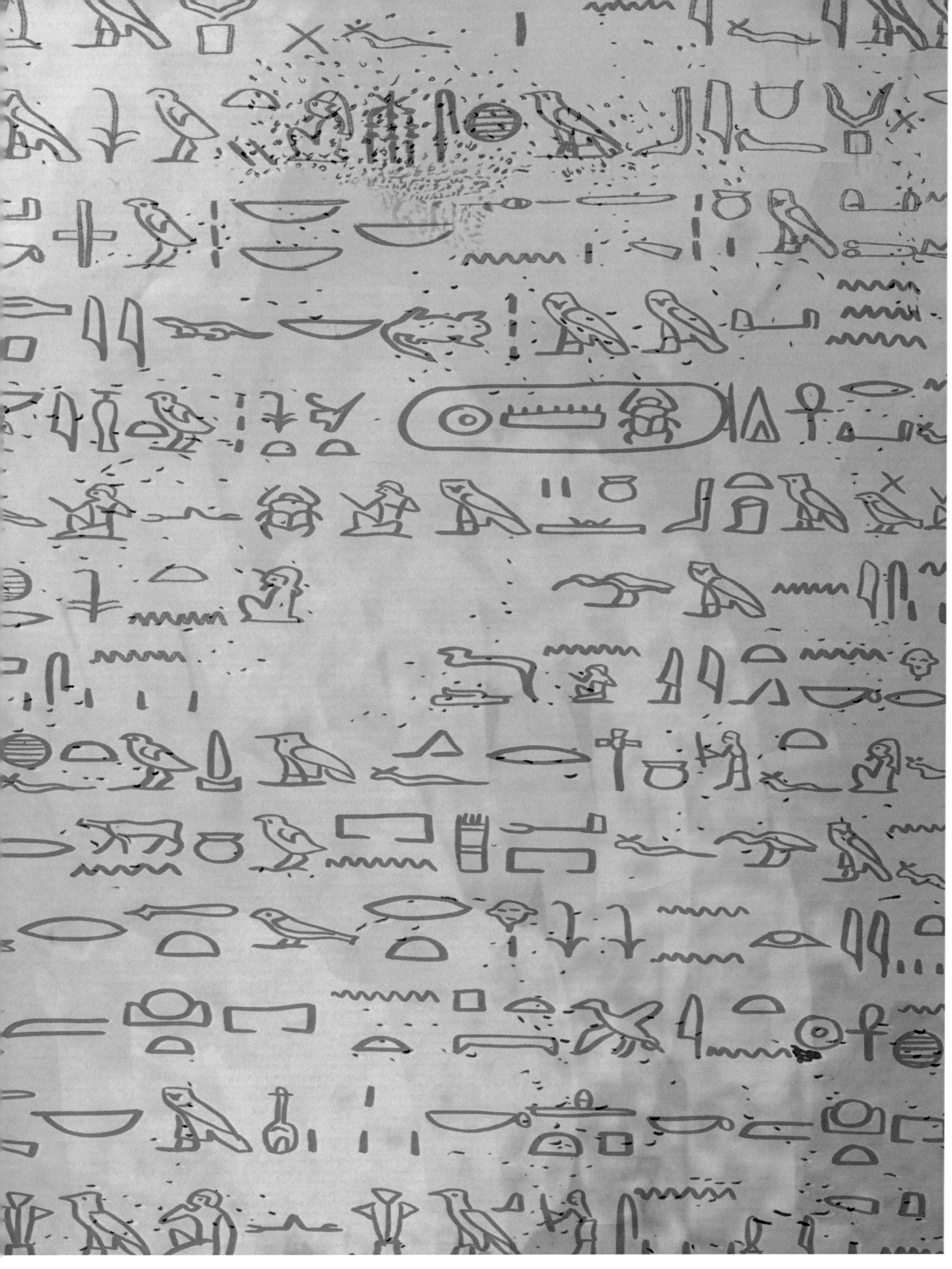

هيام صفوت

رسامة كتب الاطفال .. والمقيمة بمصر
درست الفنون الجميلة بجامعة الإسكندرية بالإضافة لدراسات متعددة في مجالات الميديا وآخري تربوية عن سيكولوجية الأطفال.
عملت بمجال أدب لبأطفال منذ أكثر من 10 سنوات
نفذت خلالها أكثر من 80 كتاب للطفل
بالتعاون مع دور نشر عديدة بالوطن العربي.
منفذة الأعمال بتقنيات مختلفة من العمل اليدوى بإستخدام الجواش والألوان المائية بالإضافة إإلي التنفيذ الرقمي.
حصلت العديد من كتبها على جوائز وترشيحات مصرية وعربية.

د. جيلان عَبَّاسٍ

تَعْمَل د. جيلان فِي مَجَالِ التَّعْلِيم مُنْذُ أَكْثَرَ مِنْ ثَلَاثِينَ عامًا، عَمِلْت خِلَالِهَا بالتَّدْرِيسِ فِي الْكُلِّيَّةِ الْأَمْرِيكِيَّة بِالْقَاهِرَة كمعلمة ورئيسة قِسْمٌ الثَّقَافَة الْمِصْرِيَّة، كَمَا قَامَت بِالتَّدْرِيس فِي جَامِعَات حُلْوَان وَعَيَّن شَمْس وَالْقَاهِرَة.

درّست جيلان عَبَّاس التَّارِيخ والحَضَارَة وَالثَّقَافَة الْمِصْرِيَّة فِي الْجَامِعَات الْمِصْرِيَّة وَحَصَلَت عَلَى الدُّكْتوراه فِي هَذَا الْمَجَال ، كَمَا اشْتَرَكَتْ فِي العَدِيدِ مِنَ المؤتمرات وورش الْعَمَل دَاخِلٌ مِصْر وَخَارِجِهَا، وَلَهَا العَدِيدِ مِنَ الْمُؤْلِفَاتِ باللّغَةِ الْعَرَبِيَّةِ والانجليزية لِلْكِبَار والأطفال من أَهَمِّهَا أول مَنْهَج للثَّقَافَة الْمِصْرِيَّة بِاللّغَة الإنْجِلِيزِيَّة منْ صفّ الرَّوْضَةِ إِلَى الصَّفِّ الْخَامِس،وَهِي تَقُوم بِإِلْقَاء المُحَاضَرات العَامَة عَن مِصر فِي العَدِيدِ مِنَ الْمُؤَسَّسَاتِ والمُنظمَاتِ والْمُبَادَرَاتِ الثَّقَافِيَّة.

تقول جيلان عباس «الحَضَارَة الْمِصْرِيَّة شَغَفِي ومهنتي وأتمنى أَنِ أشارك الأَطْفَالُ فِي هَذَا الشَّغَف.» وهِي تُؤْمِن أَنَّ مِصْرَ قِصَّة يَجِبُ أَنْ تَرْوَى لِلْأَطْفَال ليتعرفوا عَلَى حضارتهم الْعَظِيمَة وَلَيْسَ هُنَاكَ أَفْضَلُ عِنْدَ الْأَطْفَالِ مِنْ الحَكِيّ وَكِتَاب مُصَوَّرٌ.

مصر
السلوم
مرسى مطروح
الإسكندرية
بورسعيد
السويس
القاهرة
سيناء
الجيزة
سيوة
دهب
الواحات البحرية
شرم الشيخ
الغردقة
المنيا
الفرافرة
الاقصر
الداخلة
مرسى علم
أسوان
السد العالي
أبو سمبل

احْتِفالُ أَوْبَتْ:

هوَ احْتِفالٌ مِصْريٌّ قَديمٌ كَانَ يُقَامُ سَنَوِيًّا فِي الأَقْصُرِ، وَفِيه كَانَتْ تُصْطَحِبُ تَماثيلُ مَعْبُودَاتِ طَيِّبَةٍ آمونْ وَمُوْتٍ وَخُنْسُو داخِلَ مَراكِبِهِمْ المُقَدَّسَةِ فِي مَوْكِبٍ احْتِفالِيٍ كَبيرٍ مِنْ مَعْبَدِ الكَرْنَكِ إِلَى مَعْبَدِ الأَقْصُرِ لِيُجَدِّدَ قوَّتَهُ وَحَيَويَّتَهُ. وَكَانَ اَلْمَلِكُ يَقودُ ذَلِكَ المَوْكِبَ اَلْمُهَيَّبَ؛ كَيْ تَنْتَقِلَ إِلَيْهُ هوَ أَيْضًا حَيَوِيَّةٌ وَقوَّةُ الإِلَهِ لِحُكْمِ البِلادِ. وَقَدْ صُوِّرَتْ مَناظِرُ الِاحْتِفالِ بِعيدَ الأوْبَتِ عَلَى جُدْرانِ بَهْو الأَعْمِدَةِ فِي مَعْبَدِ الأَقْصُرِ.

كبابُ أَبُو الحُجّاج:

هُوَ اَلطَّبَقُ اَلرَّئِيسِيُّ اَلَّذِي يُقَدِّمُ فِي اَللَّيْلَةِ اَلْأَخِيرَةِ مِنْ اَلِاحْتِفَالِ بِالْمَوْلِدِ فِي اَلنِّصْفِ مِنْ شَعْبَانْ وَيَتَكَوَّنُ مِنْ كُرَاتٍ تُشْبِهُ اَلطَّعْمِيَّةُ اَلْمِصْرِيَّةُ لَكِنَّهَا مَصْنُوعَةٌ مِنْ اَلْقَمْحِ مَعَ اَلْخُضْرَةِ مَطْحُونَةً سَوِيًّا.

نادِرُ عَبَّاسِي:

اَلْمَايسْتِرُو نادِرٌ جَمَالُ عَبَّاسِيّ شَخْصِيَّةً عَالَمِيَّةً فِي مَجَالِ اَلْمُوسِيقَى وَقَائِدِ لِلْعَدِيدِ مِنْ فِرَقِ اَلْأُورْكِسْتِرَا اَلْعَالَمِيَّةِ ، وَمِنْهَا « أُورْكِسْتِرَا أُوبِرَا اَلْقَاهِرَةِ » و « أُورْكِسْتِرَا اَلسَّلَامِ فِي فَرَنْسَا » وَقَدْ حَصَلَ عَلَى اَلْعَدِيدِ مِنْ اَلْجَوَائِزِ اَلْمَحَلِّيَّةِ وَالْعَالَمِيَّةِ وَكَانَ قَائِدُ اَلْأُورْكِسْتِرَا فِي حَفْلَيْ نَقْلِ اَلْمُومِيَاوَاتِ اَلْمَلَكِيَّةِ فِي 3 إِبْرِيلَ ، 2021 وَافْتِتَاحُ طَرِيقِ اَلْكِبَاشْ بِالْأُقْصُرِ فِي 25 نُوفَمْبِر، 2021.

انْشُودَةَ آمون:

هِيَ أَجْزاءُ مُخْتارَةٌ مِنْ التَرانيمِ المسجلة على بعض الآثار المِصرية، وَقَدْ قَامَ بِتَرْجَمَتِها الدُّكْتورُ مَيْسَرَةُ عَبْدِ اللّهِ حُسَيْنٍ، أستاذ الْآثَارِ بِجَامِعَةِ القاهِرَةِ.

هوامش

- طَرِيقُ الكِبَاش:

هوَ الطَّرِيقُ اَلَّذِي يَرْبُطُ بَيْنَ مَعْبَدي الكَرْنَكِ والأَقْصُرِ وَيَبْلُغُ طولُهُ 2.7 كِيلُومِتْرًا ، وعَلى جانبيه تَماثيلُ بعضها برُؤُوسِ الكِبَاشِ، رَمزُ اَلإِلَهِ آمُونْ ، وَالبَعْضُ اَلآخَرُ برُؤُوسِ رَمْسِيسْ اَلثَّانِي ، وَبَعْدُ اَلاِكْتِشَافَاتِ وَالتَّرْمِيمِ تَمَّ افْتِتاحُهُ في 25 نوفمبر 2021 بعد 70 عامًا مِن العمل.

معبد الكرنك:

الكَرْنَكُ هوَ مَجْموعَةٌ مِنْ المَعَابِدِ اَلَّتِي بُنِيَتْ فِي مِصْرَ القَديمَةِ عَلَى اَلْشَطِ الشَّرْقيِّ لِلنِّيل بِمَدِينَةِ الأَقْصُر. وَقَدْ شُيِّدَ لِلْمَعْبُودِ آمونَ وَزَوْجَتِهِ مَوْتَ وَابْنِهِمْ خُنْسُو. وَهُوَ مَجْمَعٌ كَبِيرٌ مِنْ المَعَابِدِ اَلَّتِي لَا يوجَدُ مَثيلٌ لَهَا فِي الحَجْمِ أَوْ جَمالِ العِمارَةِ فِي العالَمِ كُلِّهِ. وَقدْ اِسْتَمَرَّ اَلْبِنَاءُ فِي اَلْمَعْبَدِ حَوَالَيْ 2000 سَنَةٍ مُنْذُ اَلْعُصُور اَلْمِصْرِيَّةِ اَلْقَدِيمَةِ حَتَّى اَلْعَصْرِ اَلرُّومَانِيِّ

الِاحْتِفالاتُ:

ذَكَرُ المُؤَرِّخ والرَّحّالَةِ اليونانيُّ هِيرُودُوتْ 450 (قَبْلُ اَلْمِيلَادِ) أَنَّ المِصْرِيِّينَ ابْتَدَعُوا الِاحْتِفالاتِ وَنَقَلَهَا عَنْهُمْ اليُونَانِيِّينَ ثُمَّ العالَمَ.

آمونْ :

الإِلَهُ آمونْ هوَ اَحَدُ اَلْمَعْبُودَاتِ الرَّئيسيَّةِ فِي مِصْرَ القَديمَةِ ، وهو إِلهُ مَدينَةِ الأَقْصُرِ أَوْ طَيِّبَةُ عاصِمَةِ مِصْرَ فِي الدَّوْلَةِ الحَديثَةِ ، وَكَانَتْ كَلِمَةُ آمونْ فِي اللُّغَةِ المِصْرِيَّةِ القَديمَةِ تعنى الخفي، وَلَهُ العَديدُ مِنْ الأَسْماءِ وَمِن أَهَمِّها آمونَ رَعْ ، وَكَانَ يُمَثِّلُ عَلَى شَكْلِ رَجُلٍ يَرْتَدِي تاجَ عَلَيْهُ ريشَتَيْن تَرْمُزَانِ لِمِصْرَ العُلْيَا وَالسُفْلَى ، وَكَانَ لَهُ حَيَوانٌ مُقَدَّسٌ عَلَى شَكْلِ كَبْشٍ.

هَلْ تعرِف؟

- أَنَّ الضِّفْدَعَ هوَ نَوْعٌ مِنْ اَلْبَرْمائيّاتِ اَلَّتِي يُمْكِنُها أَنْ تَعِيشَ فِي الْمَاءِ وَعَلَى الأَرْضِ، فَهِيَ تَبْدَأُ حَياتَها فِي الْمَاءِ وَبِمُجَرَّدِ أَنْ يُصْبِحَ لَدَيْهَا الرِّئَتَيْنُ تَنْتَقِلُ لِلْعَيْشِ عَلَى الأَرْضِ

- يُسَمَّى صَغيرَ الضِّفْدَعَ بِالشَّرْغُوفِ

- تَتَنَفَّسُ اَلْضَفادِعُ عَنْ طَرِيقِ الأَنْفِ مِثْلَ الإِنْسانِ كَمَا تَتَنَفَّسُ أَيْضًا عَنْ طَرِيقِ اَلهَوَاءِ اَلَّذِي يَدْخُلُ إِلَى جِلْدِ بَشْرَتِها

- تَسْتَطِيعَ اَلضَّفَادِعُ أَنْ تَرَى فِي جَمِيعِ اَلاتِّجَاهَاتِ فِي وَقْتٍ وَاحِدٍ كَمَا يَنَامُ اَلضُّفْدَعُ وَعُيُونُهُ مَفْتُوحَةٌ حَيْثُ لَا يُغْلِقُ عُيُونُهُ طَوَالَ حَيَاتِهِ

- عَبْرَ اَلْمِصْرِيِّينَ اَلْقُدَمَاءِ عَنْ اَلضُّفْدَعِ بِلَفْظٍ قَرَّرَ أَوْ قَرُورْ ، أَمَّا اَلشُّرْغُوفْ فَكَانَ يُسَمَّى حَفَنَ وَيَرْمُزُ إِلَى رَقْمِ 100,000

اَلْأَقْصُر

تَقَعُ مُحَافَظَةَ اَلْأُقْصُر عَلَى بُعْدِ 679 كَمْ مِنْ اَلْقَاهِرَةِ، وَعَاصِمَتُهَا مَدِينَةَ اَلْأُقْصُر وَهِيَ مَدِينَةٌ مِصْرِيَّةٌ قَدِيمَةٌ وَمَقْصِدٌ سِيَاحِيٌّ هَامٌّ جِدًّا وَتُعَدُّ مُتْحَفٍ مَفْتُوحٍ لِلْعِمَارَةِ وَالْحَضَارَةِ اَلْمِصْرِيَّةِ،

نَظَرَ قُرْقُرْ وَقْرَقُورَّة لِبَعْضِهِمَا وَصَاحَا مَعًا يَبْدُو أَنَّ غدًا سَيَكُونُ يَوْمًا رَائِعًا، ثُمَّ صَاحَ قُرْقُر يَجِبَ أَنْ نُخْبِرَ كُلَّ أَصْدِقَائِنَا اَلضَّفَادِعَ لِحُضُورِ اَلْحَفْلِ.

وَعِنْدَ ذَلِكَ بَدَأَتْ اَلْمُوسِيقَى تَعْزِفُ وَالْكُورَال يَنْشِدُ أُنْشُودة آمون «عِنْدَمَا تَكُونُ فِي اَلزَّوْرَقِ اَلْمَهِيبِ تَبْدُو جَمِيلاً يَا آمُونْ رَعْ»

ابْتَسَمَتْ قَرْقُورَهْ وَأَدَارَتْ عَيْنَهَا وَقَالَتْ: بَقِيَ أَنْ نَعْرِفَ مَنْ هُوَ اَلرَّجُلُ اَلْمُهِمُّ اَلَّذِي يَحْمِلُ اَلْعِصي وَيُحَرِّكُ اَلْمُوسِيقِيِّينَ، وَمَاذَا تَقُولُ كَلِمَاتُ اَلْأُغْنِيَةِ؟

وَقَبْلَ أَنْ يَنْطَلِقَا سَمِعَا اَلْأَثَرِيَّ يَقُولُ: هَيَّا بِنَا إِلَى اَلسَّاحَةِ لِأَنَّ اَلْمَايِسْتِرُو نَادِر عَبَّاسِي* يَسْتَعِدُّ لِقِيَادَةِ اَلْعَازِفِينَ فِي اَلتَّدْرِيبِ اَلْيَوْمِ اِسْتِعْدَادًا لِحَفْلِ اِفْتِتَاحِ طَرِيقِ اَلْكِبَاشْ غَدًا، وَسَوْفَ يُنْشِدُ اَلْجَمِيعُ أُنْشُودَةَ آمُونْ *باللُّغَةِ المِصْرية القَديمةِ.

وَهُنَا نَظَرَ قُرْقُر إِلَى أُخْتِهِ وَقَالَ: اَلْآنْ.. فَهِمَتُ مَا يَحْدُثُ.. اِنَّهُمْ يَسْتَعِدُّونَ لِحَدَثٍ كَبِيرٍ يُحَاكِي اِحْتِفَالَ أُوبْتْ اَلْقَدِيمَ، وَالْمَرَاكِبُ وَالْمَلَابِسُ هِيَ نَفْسُها اَلْمَنْقُوشَةِ عَلَى جُدْرَانِ قَاعَةِ اَلْأَعْمِدَةِ هُنَا فِي مَعْبَدِ اَلْأَقْصُرِ.

اِنْدَهَشَ اَلْأَطْفَالُ وَسَأَلُوا : وَكَيْفَ يَحْتَفِلُونَ ؟ قَالَ : يَخْرُجُونَ فِي مَوْكِبٍ إِلَى سَاحَةِ اَلْمَسْجِدِ وَيَحْمِلُونَ اَلْمَرَاكِبَ فِي طُقُوسٍ تُشْبِهُ اِحْتِفَالَ اَلْمِصْرِيِّينَ اَلْقُدَمَاءِ بِالْإِلَهِ آمُونْ ، وَيَطُوفُونَ بِهَا شَوَارِعَ اَلْمَدِينَةِ يُنْشِدُونَ اَلْأَنَاشِيدَ اَلدِّينِيَّةَ وَيُمَارِسُونَ اَلتَّحْطِيبْ وَالرَّقْصُ بِالْعَصَا ، وَالرَّقْصُ بِالْخَيْلِ وَيُقَدِّمُونَ اَلْأَطْعِمَةَ * لِلْجَمِيعِ

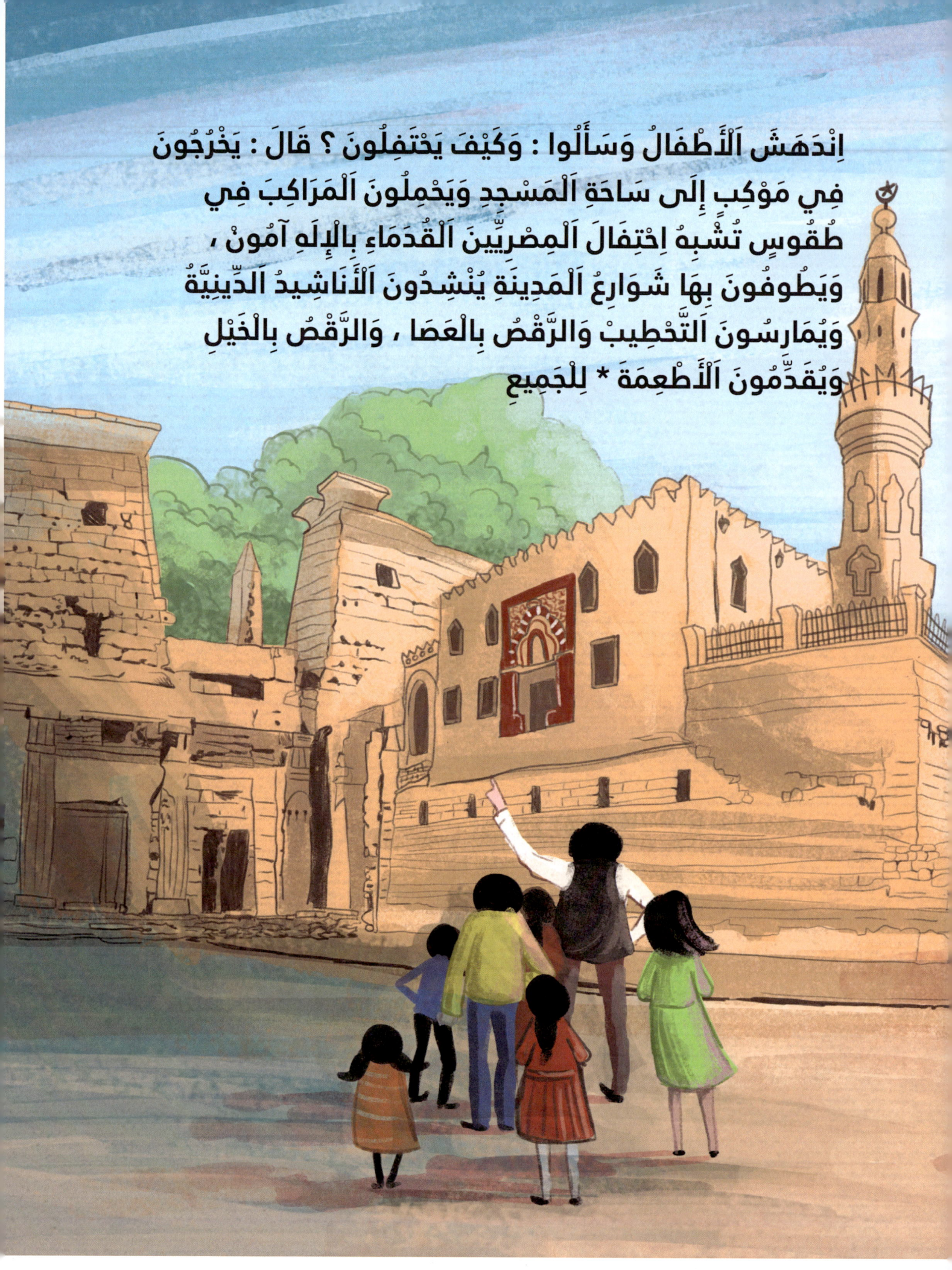

وَفِي تِلْكَ اَلْأَثْنَاءِ أَشَارَ طِفْلٌ لِمِئْذَنَةٍ تَبْدُو دَاخِلَ اَلْمَعْبَدِ فَقَالَ اَلْأَثَرِيَّ أَنَّهَا مِئْذَنَةُ مَسْجِدِ «أَبِي اَلْحَجَّاجْ «،وَيُحْكَي أَنَّ رَجُلاً صَالِحًا اِسْمُهُ «أَبُو اَلْحَجَّاجْ» جَاءَ إِلَى اَلْأَقْصُرِ مُنْذُ 800 سَنَةٍ، وَأَحَبَّهُ اَلنَّاسُ وَبَعْدَ وَفَاتِهِ أَقَامُوا مَسْجِدًا حَوْلَ قَبْرِهِ. وكَانَ المَعْبدُ مُغَطَّى بالرِّمَالِ عِنْدَ بِنَاءِ المَسْجِدِ ومُنذُ ذَلكَ الحِينَ أَصْبَحُوا يَحْتَفِلُونَ بَاَلْحَجَّاجْ كُلَّ عَامٍ.

وَفجْأَةُ تَنَبَّهَ طِفْلٌ فَسَأَلَ: هَلْ عَرَفَ اَلْقُدَمَاءُ اَلضَّفَادِعَ؟ فَأَكَّدَ أُسْتَاذٌ مِصْرِيّ اَلْمَعْلُومَةَ وَقَالَ: طَبْعًا فَهُم مِنْ أَنْوَاعِ اَلْبَرْمَائِيَّاتِ* اَلَّتِي تَعِيشُ منذ القدم فِي اَلْمِيَاهِ وَعَلَى اَلْأَرْضِ، وَمِنْهَا اَلشَّرْغُوفُ * اَلْمَرْسُومُ هُنَا وَاَلَّذِي كَانَ يُمَثِّلُ اَلرَّقْمَ 100000 فِي اَلْكِتَابَةِ اَلْمِصْرِيَّةِ اَلْقَدِيمَةِ.

اسْتَمِرَّ اَلْأَثَرِيُّ يَشْرَحُ وَهُمَا يَسْتَمِعَانِ: لَقَدْ اُسْتُخْدِمَ هَذَا اَلرَّقْم لِيَتَمَنَّوْا لِلْمَلِكِ اَلْحَاكِمِ آلآفَ اَلسِّنِينَ مِنْ اَلْحَيَاةِ وَالْحُكْمِ. فَقَالَ طِفْلٌ آخَرُ: وَهَلْ نَعْرِفُ اَلْكَلِمَةَ اَلَّتِي اِسْتَخْدَمَها اَلْقُدَمَاء لِتَسْمِية الضُّفْدَعِ؟ قَالَ اَلْأَثَرِيُّ: طَبْعًا كَانَ اِسْمُهُ قَرَّ أَوْ قَرقُورْ*. وَهُنَا صَاحَتْ قَرْقُورَةْ: أَسْمَاءَنَا مِنْ أَصْلٍ مِصْرِيٍّ قَدِيمٍ يَبْدُو أَنَّ مَامَا وَبَابَا يَعْرِفَانِ اَللُّغَةَ اَلْمِصْرِيَّةَ اَلْقَدِيمَةَ*

وَبَيْنَمَا يَشْرَحُ اَلْأُسْتَاذُ مِصْرِيّ نَظَرَتْ قَرْقُورَةْ حَوْلَهَا فَلَمْ تَجِدْ أَخِيهَا فَشَعُرَتْ بِالْخَوْفِ وَقَبْلَ أَنْ تَتَحَرَّكَ رَأَتْهُ يَأْتِي مُسْرِعًا وَفِي عَيْنَيْهِ دَهْشَةً كَبِيرَةً، وَقَبْل أَنْ تَسْأَلَهُ

قَالَ لَهَا: قَرْقُورَةْ يَبْدُو أَنَّنَا أَيْضًا مِنْ اَلْقُدَمَاء فَلَقَدْ رَأَيْتُ نَقْشًا يُشْبِهُنَا عَلَى بَعْضِ اَلْمَنَاظِر. اِنْدَهَشَتْ قَرْقُورَةْ وَقَالَتْ لَابُد لَنَا أَنْ نَعْرِفَ اَلسِّرَ، وَلَكِنْ كَيْفَ؟ هَمَسَ قُرْقُرْ قَائِلاً: عِنْدِي خُطَّةٌ وَأَخَذَا يَقْفِزَانِ قُرْبَ اَلْأَثَرِيِّ وَالْأَطْفَالِ لِيَلْفِتَا نَظَرَهُمْ

قَالَ اَلْأَثَرِيُّ: كَانَ أَجْدَادُنَا قُدَمَاء اَلْمِصْرِيِّينَ أَوَّلَ مِنْ اِبْتَدَعُوا اَلِاحْتِفَالَاتِ * وَمِنْهَا اِحْتِفَالٌ بِالْإِلَهِ «آمُونْ» مَعْبُود اَلْأَقْصُرِ عِنْدَ اَلْقُدَمَاءِ. كَانَ اَلِاحْتِفَالُ يَبْدَأُ مِنْ مَعَابِدَ اَلْكَرْنَك * فِي زِيَارَةٍ سَنَوِيَّةٍ إِلَى مَعْبَدِ اَلْأَقْصُرِ، حَيْثُ نَقِفُ اَلْآنْ.

وَكَانُوا يَضَعُونَ تِمْثَالَ اَلْإِلَهِ آمُونْ * فِي مَرْكِبٍ وَيَحْمِلُونَهُ فِي مَوْكِبٍ كَبِيرٍ حَتَّى يَصِلُوا لِمَعْبَدِ اَلْأَقْصُرِ لِلِاحْتِفَالِ بَعِيدٍ يُسَمَّى أُوبِتْ OPET وَكَمَا تَرَوْنَ عَلَى اَلْجُدْرَانِ كَانَ اَلْمُوسِيقِيِّينَ وَالْمُنْشِدِينَ وَالرَّاقِصِينَ يَتَقَدَّمُونَ اَلْمَوْكِبَ طَوَالَ اَلْمَسَافَةِ.

قَالَتْ قَرْقُورَةْ لِأَخِيهَا: يَا قُرْقُرْ نَحْنُ نَعِيشُ فِي أَغْنَى اَلْمُدُنِ بِالْآثَارِ وَلَا نَعْرِفُ عَنْهَا أَكْثَرُ مِنْ شَاطِئِ اَلنِّيلِ حَيْثُ نَعِيشُ. قَالَ قُرْقُرْ عِنْدَكَ حَقٌّ يَا قَرْقُورَةْ، يَجِب أَنْ نَهْتَمَّ بِتُرَاثِنَا اَلْعَظِيمِ. فَقَالَتْ قَرْقُورَةْ بَعْدَ اَلْحَفْلِ عَلَيْنَا أَنْ نُنَظِّمَ اَلرِّحْلَات لِأَصْدِقَائِنَا اَلضَّفَادِعَ لِنَتَعَرَّفَ عَلَى آثَارِ اَلْبَرِّ اَلْغَرْبِيِّ اَلَّتِي سَمِعْنَا عَنْهَا اَلْيَوْمِ. تَبَسَّمَ قُرْقُرْ وَقَالَ: نَعِمَ ضَرُورِيٌّ جِدًّا فَهُنَاكَ وَادِي اَلْمُلُوكِ حَيْثُ وَجَدُوا قَبْرَ تُوتْ عَنْخْ آمُونْ أَغْنَى اَلْأَطْفَالِ فِي اَلتَّارِيخِ، وَوَادِي اَلْمَلَكَاتِ وَمَعْبَد حَتْشِبْسُوتْ وَآثَار أُخْرَى كَثِيرَة. وَلَكِنْ اَلآنْ دَعِينَا نَسْتَمِعُ لِشَرْحِ اَلْأُسْتَاذُ مِصْرِيٌّ عَنْ أَصْلِ اَلاحْتِفَالِ.

قَالَ اَلْأُسْتَاذُ مِصْرِيّ : يَا أَوْلَاد نَحْنُ نَعِيشُ فِي اَلْأَقْصُرِ اَلَّتِي بِهَا ثُلْثَ آثَارِ اَلْعَالَمِ اَلْقَدِيمِ لِأَنَّهَا كَانَتْ مِنْ أَهَمِّ عَوَاصِمَ مِصْرَ قَدِيمًا فَبَنَى فِيهَا اَلْمُلُوكُ وَالْمَلِكَاتُ اَلْمَعَابِدَ عَلَى ضَفَّةِ اَلنِّيلِ اَلشَّرْقِيَّةِ ، كَمَا بَنَوْا المقابر هم والنبلاء عَلَى اَلضَّفَّةِ اَلْغَرْبِيَّةِ لِلنَّهْرِ، وَلِذَلِكَ يَعِيشُ بَيْنَنَا اَلْكَثِيرُ مِنْ اَلْأَثَرِيِّينَ اَلَّذِيْنِ تَرَوْنَهُمْ فِي اَلْمَعَابِدَ وَالْمَقَابِرِ يَعْمَلُونَ فِي اِكْتِشَافِ وَتَرْمِيمِ آثَارِنَا اَلْعَظِيمَةِ .

أَخْذَا اَلِاثْنَانِ يَقفِزَانِ حَتَّى وَصَلَا إِلَى قَاعَةٍ بِهَا أَعْمِدَةٌ طَوِيلَةٌ دَاخِلَ مَعْبَدِ اَلْأُقْصُرِ وَوَجَدَا أَحَدَ اَلْأَثَرِيِّينَ اِسْمُهُ اَلْأُسْتَاذُ مِصْرِيٌّ وَكَانَ يُسَجِّلُ اَلْمَنَاظِرَ اَلْمَرْسُومَةَ عَلَى إِحْدَى اَلْجُدْرَانِ وَيَشْرَحُهَا لِمَجْمُوعَةٍ مِنَ اَلْأَطْفَالِ عَنْ أَصْلِ اَلِاحْتِفَالِ.

قَفَزَ اَلِاثْنَيْنِ حَتَّى اِقْتَرَبَا مِنَ اَلْجَدِّ اَلَّذِي أَخَذَ يَحْكِي: هَذَا اَلِاحْتِفَالُ هُوَ مُحَاكَاةٌ* لِاحْتِفَالٍ مِصْرِيٍّ قَدِيمٍ مَنْقُوشٍ عَلَى جُدْرَانِ اَلْمَعَابِدِ وَمِنْهَا نُقُوشٌ هُنَا فِي مَعْبَدِ اَلْأَقْصُرِ. رَكَّزَ قَرْقُرْ وَأَخَذَ يَتَذَكَّرُ أَيْنَ رَأَى مَنَاظِرَ لِمِثْلِ هَذَا اَلِاحْتِفَالِ مِنْ قَبْلُ؟ وَفَجْأَةً.. بَرَقَتْ عَيْنَاهُ، وَنَظَرَ إِلَى قَرْقُورَةَ وَقَالَ لَهَا: تَذَكَّرْتُ لَقَدْ رَأَيْتُ هَذِهِ اَلْمَرَاكِبَ مِنْ قَبْلُ مَحْفُورَةً عَلَى جُدْرَانٍ قَرِيبَةٍ مِنْ هُنَا، هَيَّا بِنَا نُحَاوِلُ أَنْ نَجِدَهَا.

اِنْدَهَشَ اَلضُّفْدَعَانِ لِمَا رَأَوْا اَلْعِصِيّ فَقَفَزَ قُرْقُرْ بِخُفِّهِ
وَخَلْفَهُ قَرْقُورَةْ حَتَّى تَعَلّقَا بِوَاحِدَةٍ مِنَ اَلْمَرَاكِبِ دُونَ
أَنْ يَشْعُرَ بِهِمَا أَحَدُ، وَاقْتَرَبَا مِنَ اَلرَّجُلِ اَلذِي يُعْطِي
اَلْمَعْلُومَاتِ بَيْنَمَا وَقَفَ عَنْ قُرْبِ رَجُلٌ مُسِنٌّ مَعَ أَحْفَادِهِ
وَأَخذَ يَحْكِي لَهُمْ عَمَّا يَحْدُثُ وَسَأَلَهُمْ: هَلْ تَعْرِفُونَ
لِمَاذَا تُحْمَلُ هذه اَلْمَرَاكِبُ اَلْيَوْمَ؟
قَالَ اَلْأَطْفَالُ: اِحْكِ لَنَا يَا جَدِّي. فَرِحَتْ قرْقُورَة وَقَالَتْ
لِأَخِيهَا: أَخِيرًا يَاقُرْقُرْ سَنَعْرِفُ اَلْقِصَّةَ.

وَإِذَا بِرَجُلٍ يَتَحَرَّكُ فِي كُلِّ اَلِاتِّجَاهَاتِ لِيُعْطِيَ تَعْلِيمَاتٍ لِكُلِّ مَجْمُوعَةِ عَنْ دَوْرِهَا فِي اَلِاحْتِفَالِ.

وَفِي نَاحِيَةٍ أُخْرَى رَأَوْا رَجُلاً طَوِيلاً عَظِيم المَظهر يُمْسِكُ بِعَصَاه وَيُحَرِّكَهَا بِحَرَكَاتٍ غَرِيبَةٍ فَتَبْدَأُ مَجْمُوعَةٌ مِنْ اَلنَّاسِ بِعَزْفِ اَلْمُوسِيقَى ثُمَّ اَلْغِنَاء.

وَفَجْأَةً سَمِعا صَوْتًا عَالِيًا يُنَادِي عَلَى اَلْجَمِيعِ: أَسْرِعُوا .. كُل وَاحِدٍ فِي مَكَانِهِ سَنَبْدَأُ اَلتَّدْرِيبَ اَلنِّهَائِيَّ لِحَفْلِ اِفْتِتَاحِ طَرِيقِ اَلْكِبَاشْ * بَعْدَ أَكْثَرَ مِنْ 70 سَنَةٍ مِنْ اَلْعَمَلِ لِتَجْدِيدِهِ.

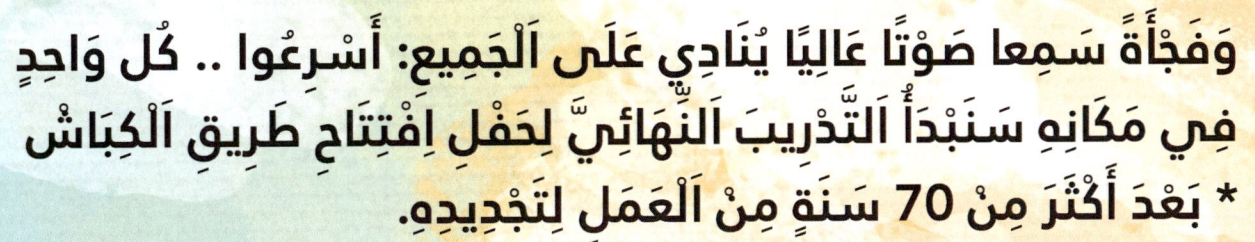

تَحَيَّرَ قُرْقُرْ وَنَظَر لِأُخْتِهِ اَلصَّغِيرَةِ وَقَالَ: اِنْتَظِرِي حَتَّى نَسْمَعَ مَا يَقُولُونَ. كَانَ اَلنَّاسُ يَتَحَدَّثُونَ عَنْ اِحْتِفَالٍ كَبِيرٍ سَيُقَامُ بِمُنَاسَبَةِ اِفْتِتَاحِ طَرِيقٍ طَوِيلٍ يَرْبُطُ بَيْنَ مَعْبَدَيْنِ مُهِمَّيْنِ جِدًّا.

تَعَجَّبَتْ قَرْقُورَةُ وَقَالَتْ لُقْرُقُر: وَمَا أَهَمِّيَّةُ هَذَا اَلطَّرِيقِ؟ وَلِمَاذَا يَحْتَفِلُونَ بِافْتِتَاحِهِ؟ فكَّر قُرْقُر ْ قَلِيلاً وَقَالَ: عِنْدَكَ حَقٌّ، هَذَا شَيْءٌ غَرِيبٌ! هُوَ طَرِيقٌ مِثْلَ أَيِّ طَرِيقٍ، فَما كُلُّ هَذَا؟

تَعَجَّبَتْ قَرْقُورَةْ عِنْدَمَا رَأَتْ أَشْخَاصًا يَحْمِلُونَ
مَرَاكِبًا غَرِيبَةَ اَلشَّكْلِ وَسَطَ مَوْكِبٍ كَبِيرٍ
يُحِيطُ بِهِ أَشْخَاصٌ يُنْشِدُونَ بِكَلِمَاتٍ غَيْرَ
مَفْهُومَةٍ وَقَالَتْ: اَللَّه هَذَا مَنْظَرٌ رَائِعٌ!
وَلَكِنْ لِمَاذَا يَحْمِلُونَ اَلْمَرَاكِبَ فِي اَلْمَعْبَدِ؟
أَلَيْسَ مِنَ اَلْمَفْرُوضِ أَنْ تَكُونَ فِي اَلنِّيلِ؟
وَمَا هَذِهِ اَلْمَلَابِسِ اَلْغَرِيبَةِ اَلَّتِي يَلْبَسُونَهَا
وَمَا هِيَ لُغَةُ هَذِهِ اَلْأُغْنِيَةِ اَلْعَجِيبَةِ؟

أَخَذَا اَلِاثْنَيْنِ يَقْفِزَانِ بِسُرْعَةٍ وَخِفَّةٍ مِنْ
اَلشَّاطِئِ إِلَى اَلْحَدِيقَةِ اَلصَّغِيرَةِ فِي
وَسَطِ طَرِيقِ اَلْمَدِينَةِ، وَمِنْهَا إِلَى سَاحَةِ
مَعْبَدِ اَلْأَقْصُر. أَدَارَ قُرْقُرْ عَيْنَيْهِ فِيمَا
حَوَّلَهُ، فِي كُلِّ اَلِاتِّجَاهَاتِ، ثُمَّ قَالَ:
اُنْظُرِي يَا قَرْقُورَةْ، اَلصَّوْتُ يَأْتِي
مِنْ هَذِهِ اَلْمَرَاكِبِ اَلْمُزَيَّنَةِ.

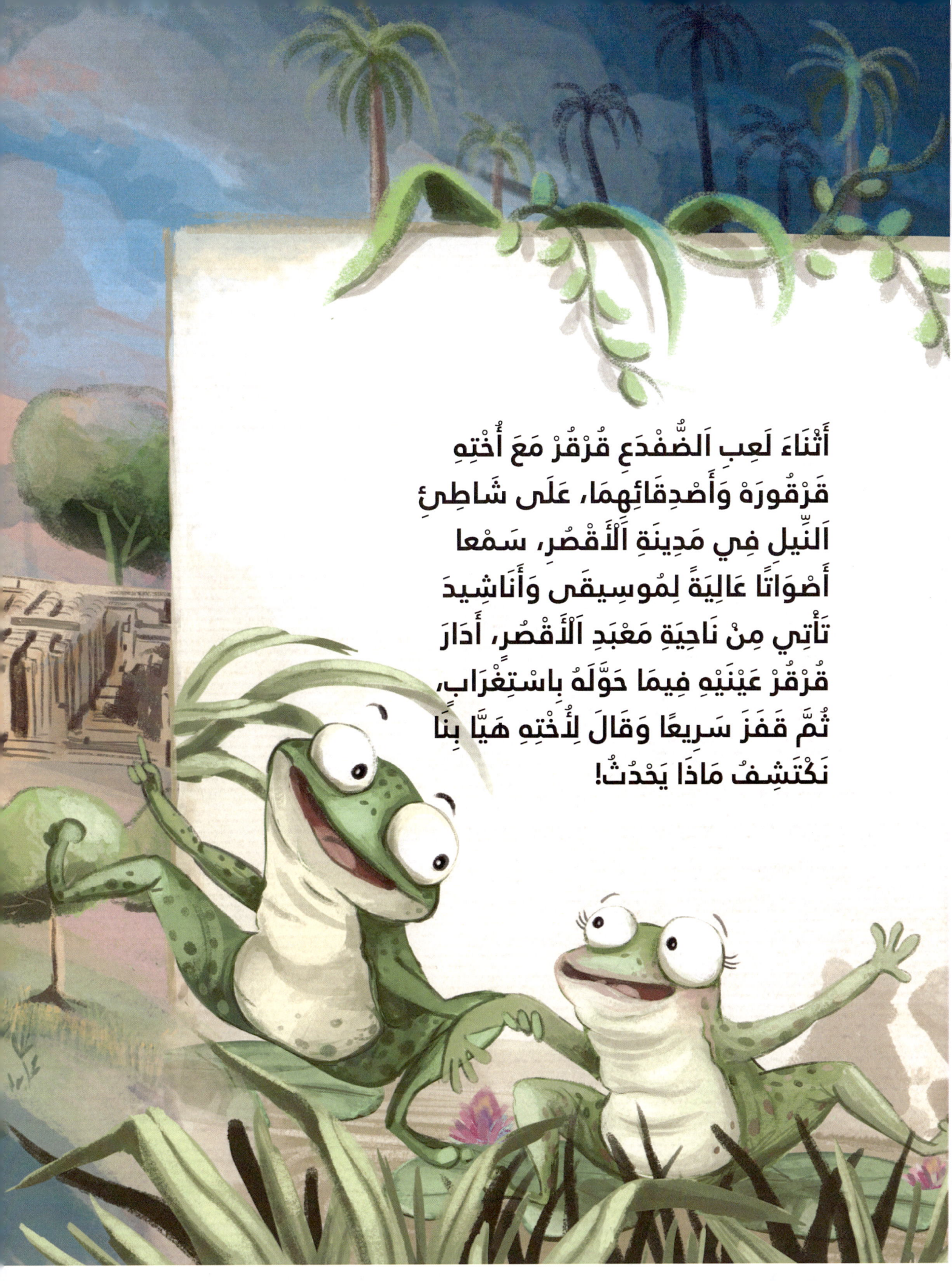

أَثْنَاءَ لَعِبِ اَلضُّفْدَعِ قُرْقُرْ مَعَ أُخْتِهِ قَرْقُورَهْ وَأَصْدِقَائِهِمَا، عَلَى شَاطِئِ اَلنِّيلِ فِي مَدِينَةِ اَلْأَقْصُرِ، سَمْعَا أَصْوَاتًا عَالِيَةً لِمُوسِيقَى وَأَنَاشِيدَ تَأْتِي مِنْ نَاحِيَةِ مَعْبَدِ اَلْأَقْصُرِ، أَدَارَ قُرْقُرْ عَيْنَيْهِ فِيمَا حَوَّلَهُ بِاسْتِغْرَابٍ، ثُمَّ قَفَزَ سَرِيعًا وَقَالَ لِأُخْتِهِ هَيَّا بِنَا نَكْتَشِفُ مَاذَا يَحْدُثُ!

إِلَى أَطْفَال مِصْرَ الْحَاضِر وَالْمُسْتَقْبَل وَالْأَمل

هَيَّا مَعًا

نَكْتَشِف جَمَال بِلَادِنَا وَحَلَاوَة مِصْرَنَا

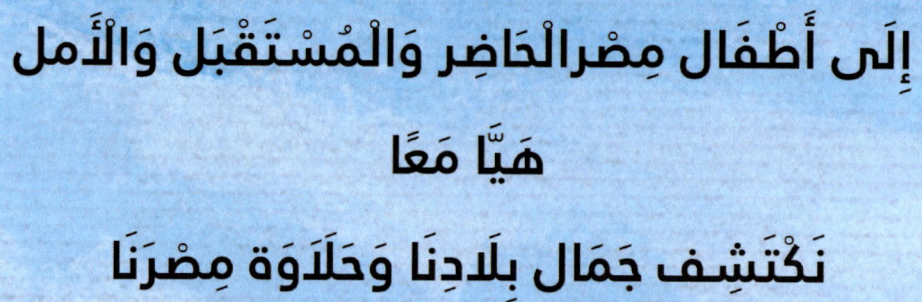

الضُّفْدَع قُرْقُرْ فِي مَدِينةِ اَلأَقْصُر

المصرية

والْكُنوزَ الْمِصْرِيَّة

مُرَاجَعَة اَللُّغَةِ اَلْعَرَبِيَّةِ أ . صَبْرِي عِمَارَةً

الضُّفْدَعُ قُرْقُرْ فِي مَدِينَةِ الْأَقْصُرِ

تأليف: د. جيلان عباس

رسوم: هيام صفوت

Text copyright © 2023 Jailan Abbas
Cover Design and illustrations copyright © 2023 Hayam Safwat
Copyright © 2023 Rowayat Limited. First Edition. All rights reserved.
ISBN: 978-1-7395882-2-9
ISBN EBook: 978-1-7395882-3-6

All rights reserved. No part of this publication may be reproduced, stored in a retrieval system, or transmitted by any means without the written permission of the publisher.
All copyrights and trademarks are recognized.

Unless otherwise noted, the contents of this publication are the copyrighted property of Rowayat Limited. All commercial use permission requests be made in writing to c/o Hilden Park House, 79 Tonbridge Road, Hildenborough, Kent, TN11 9BH UK.

Rowayat is registered in Great Britain as a trademark and the Rowayat logo is a trademark.
Rowayat Publishing House is registered as a nonprofit in Canada
Under Grotte des Merveilles/Cave of Wonders
www.rowayat.org
info@rowayat.org

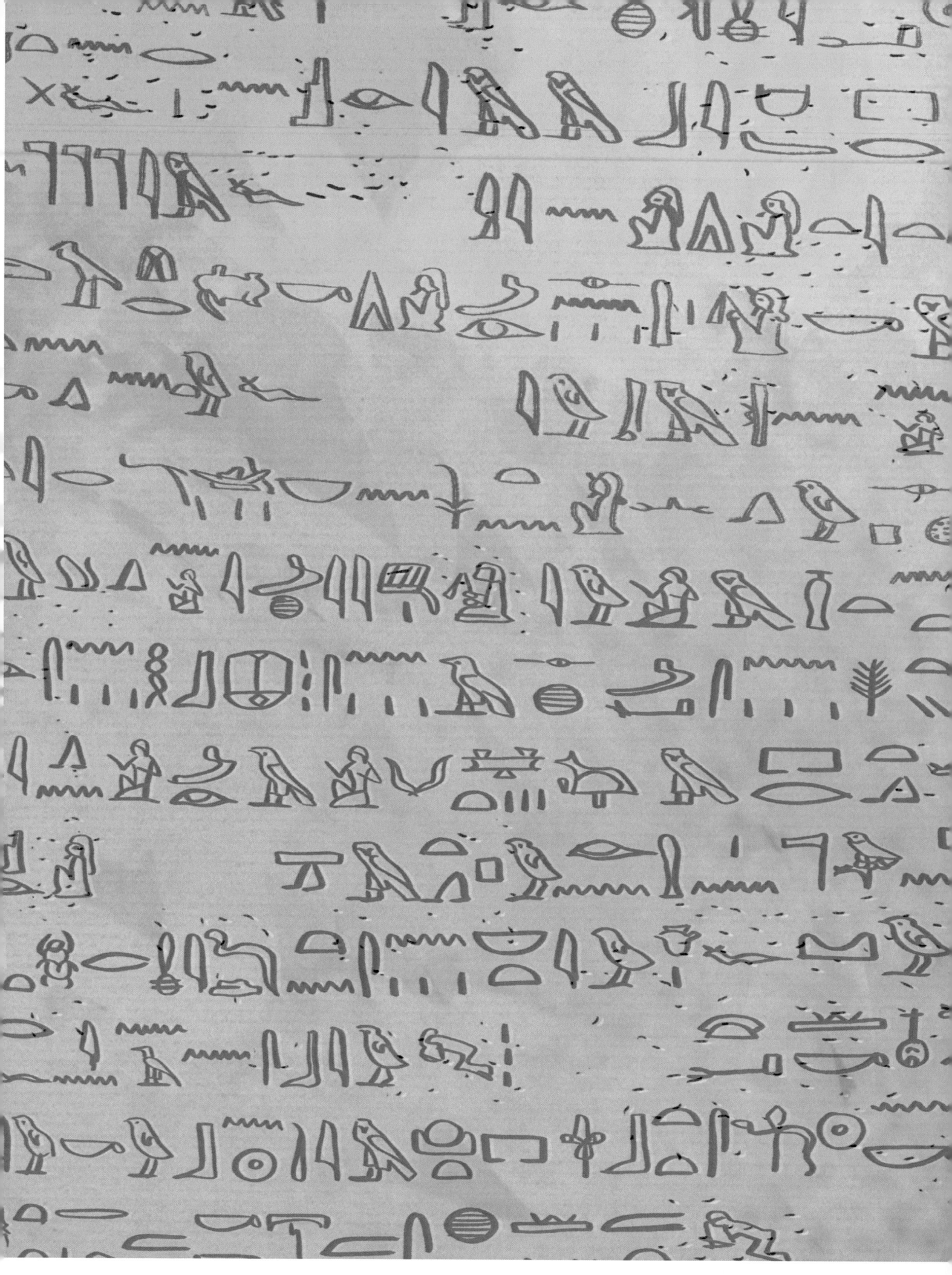

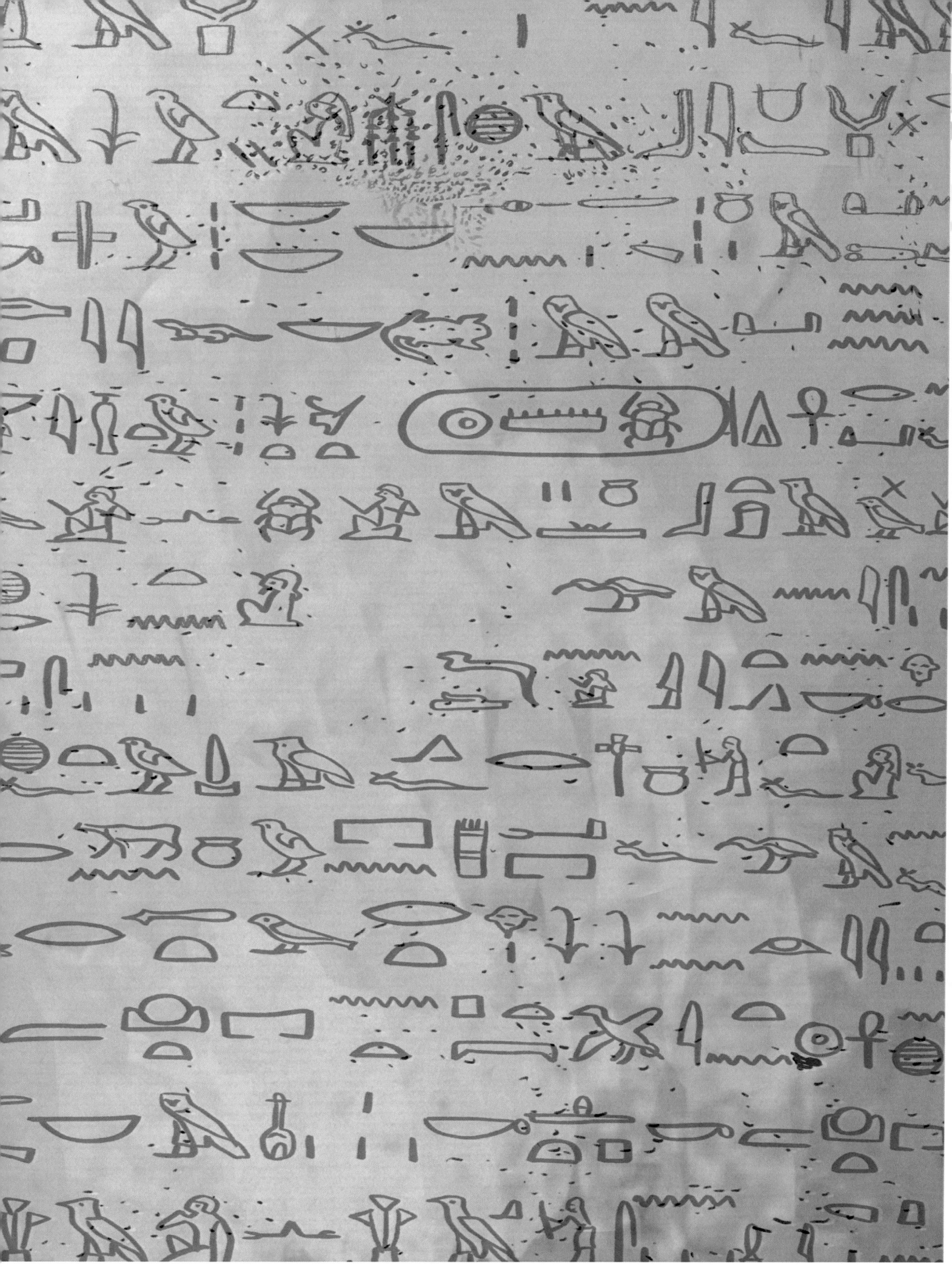

www.ingramcontent.com/pod-product-compliance
Lightning Source LLC
Chambersburg PA
CBRC091454160426
43209CB00024B/1892

9781739588229